Signa Universum

Sofía Mayo, 2018.

Dedicatoria

A todos mis antepasados, a quienes rindo tributo con cada latido de mi corazón.

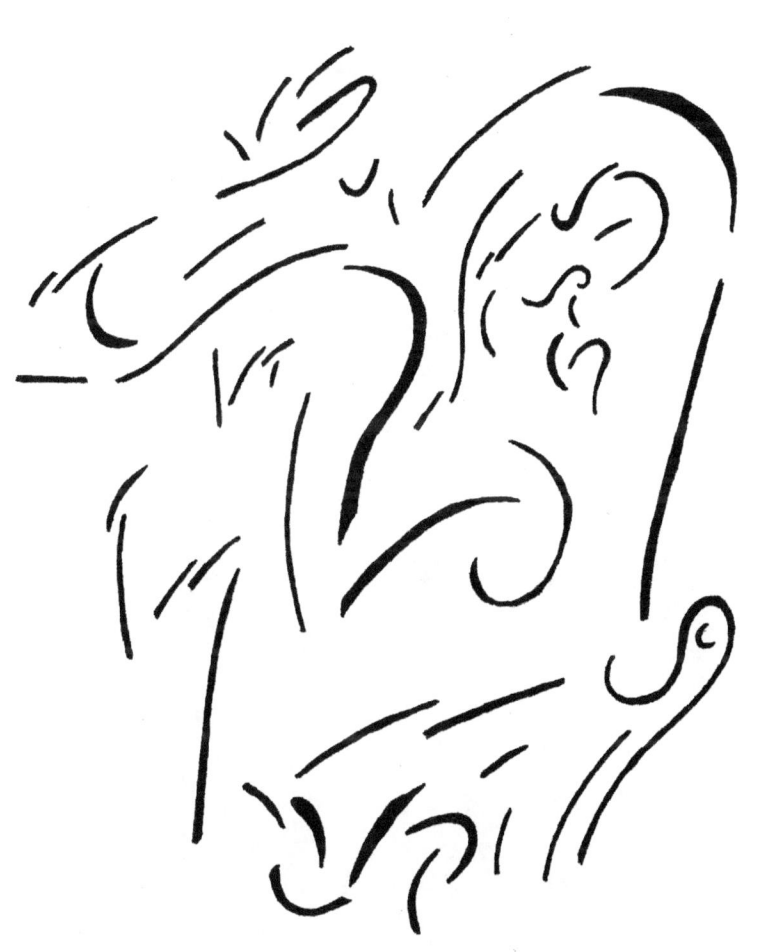

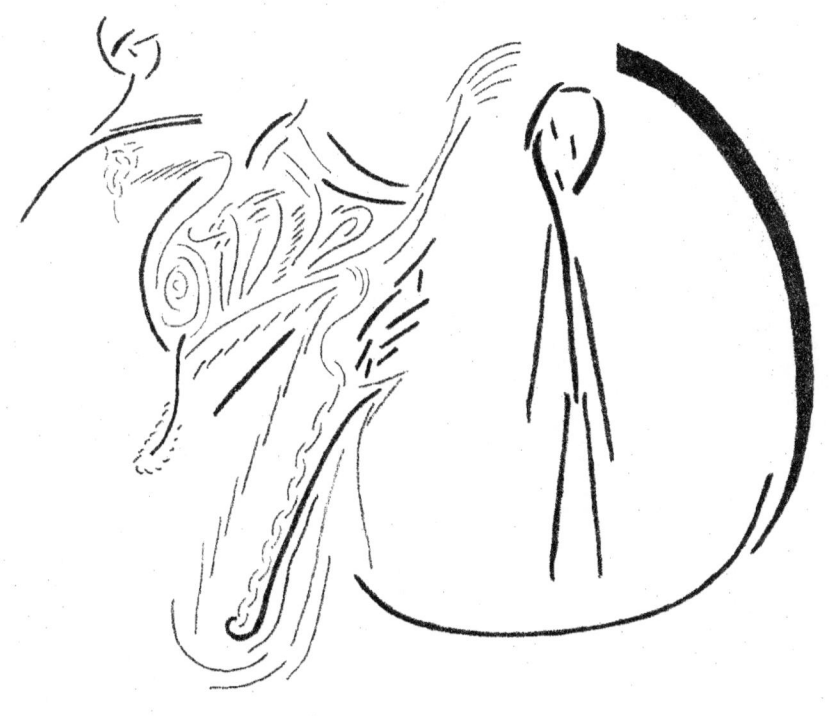

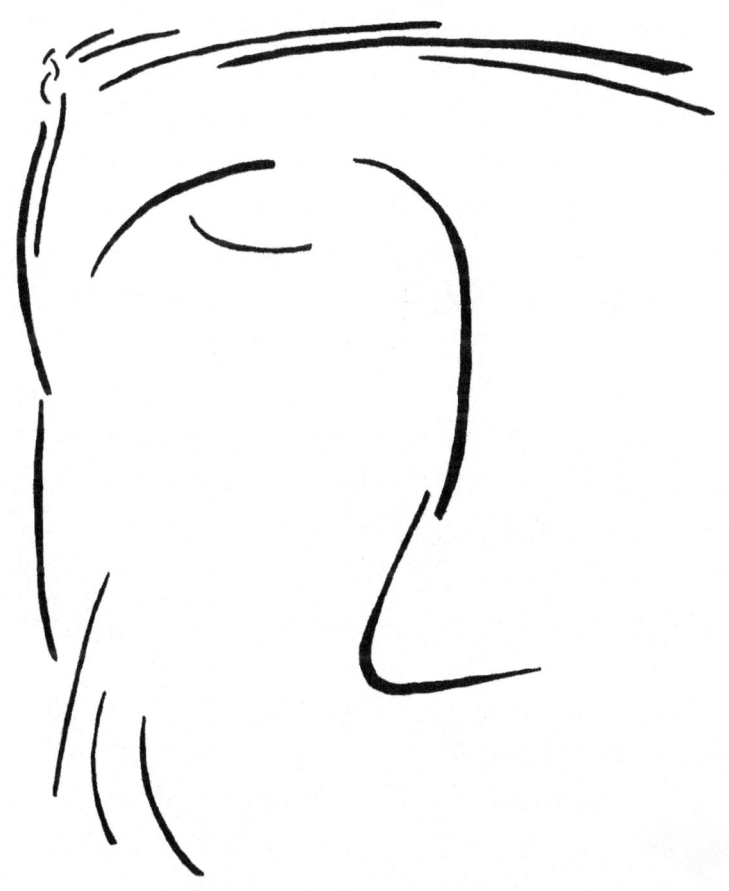

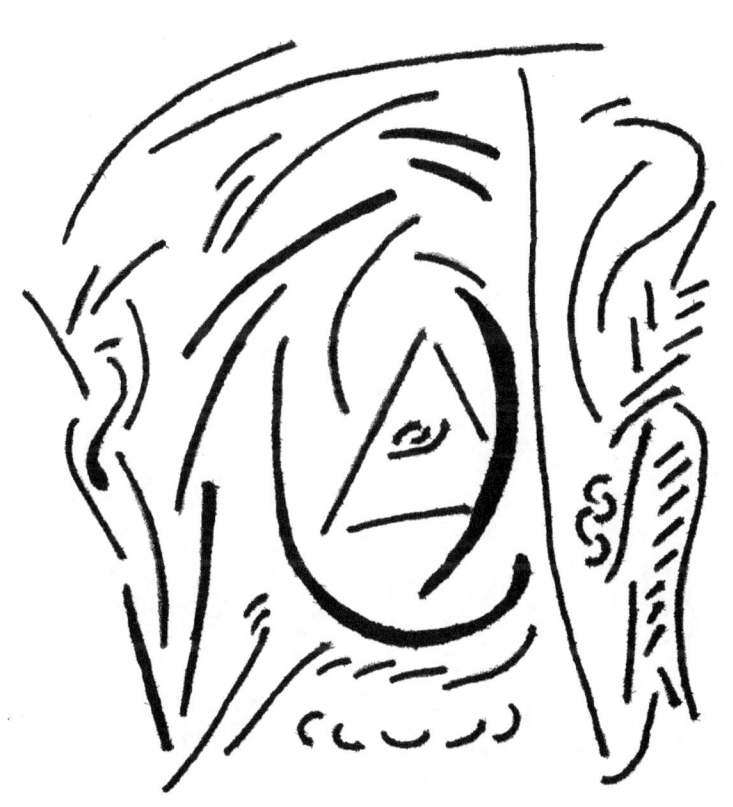

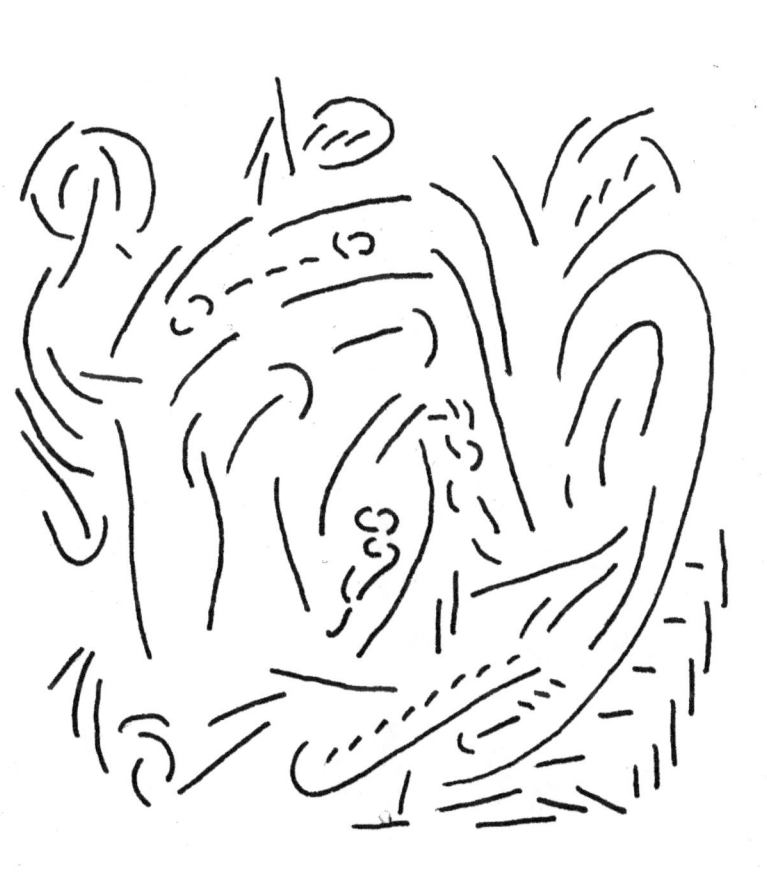

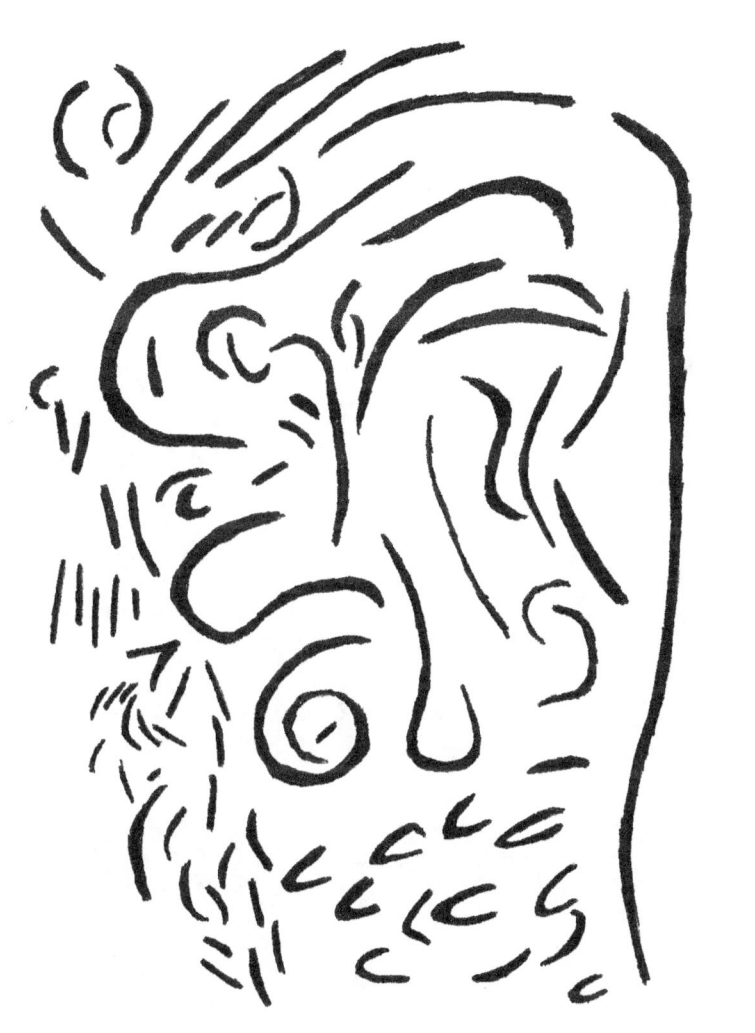

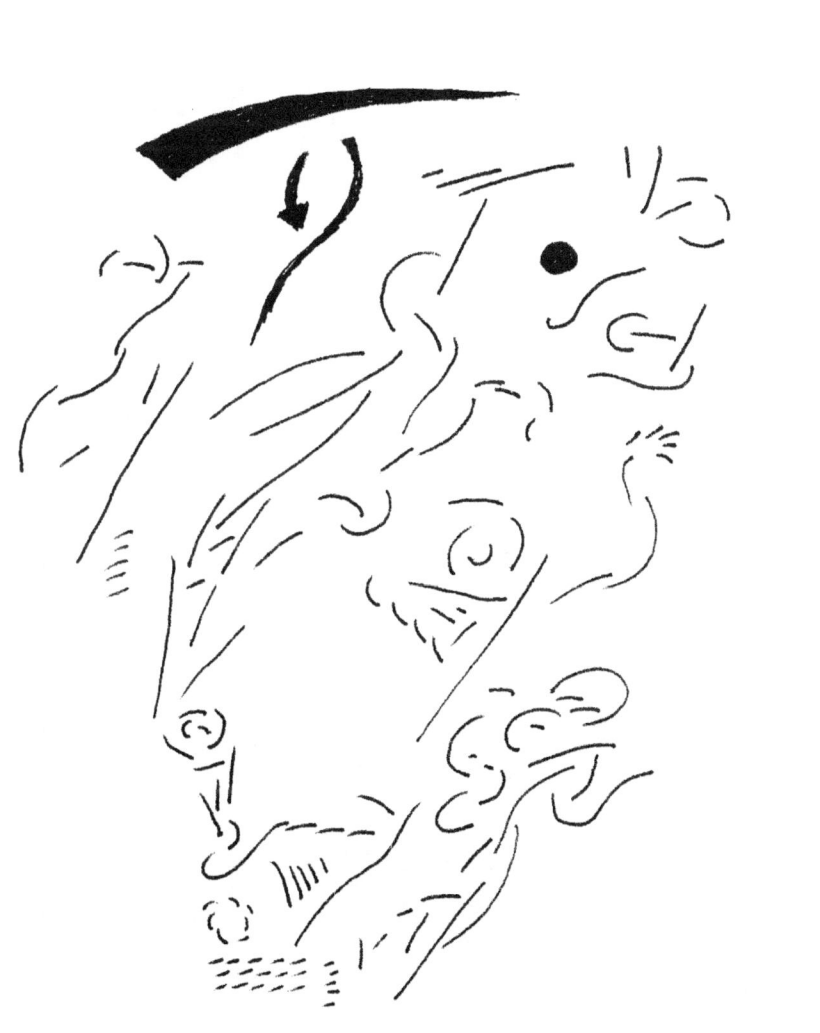

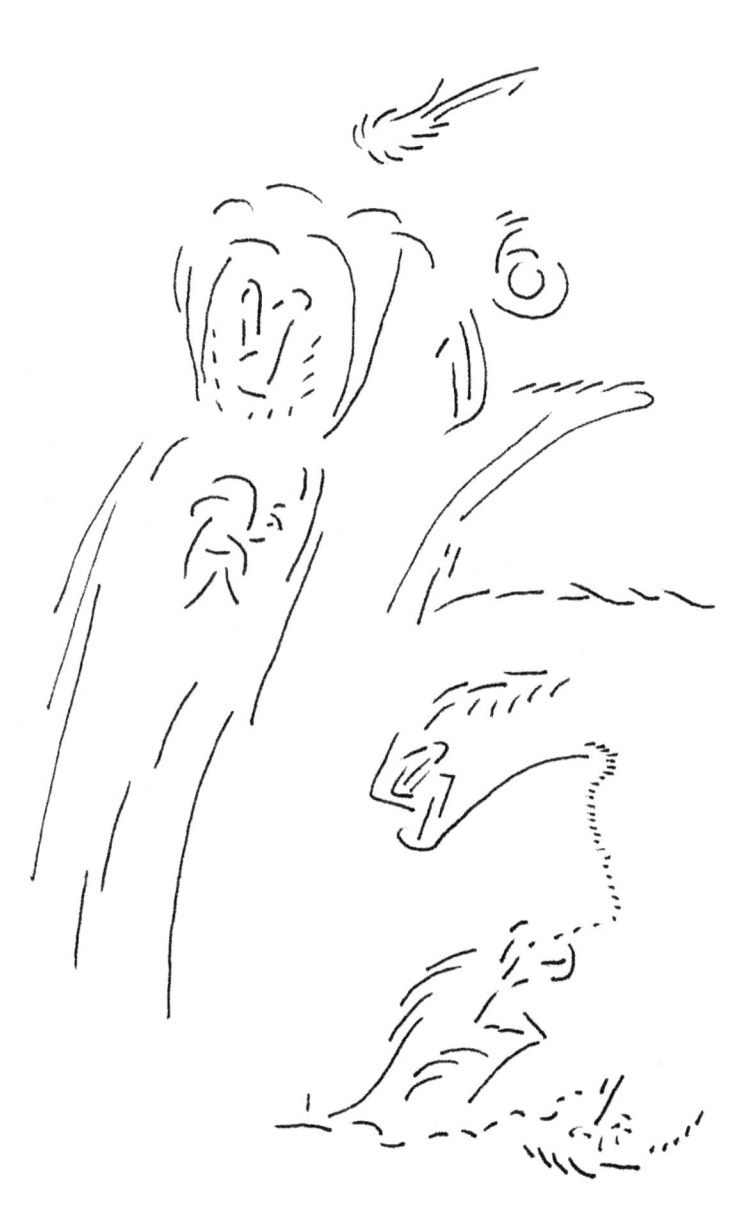

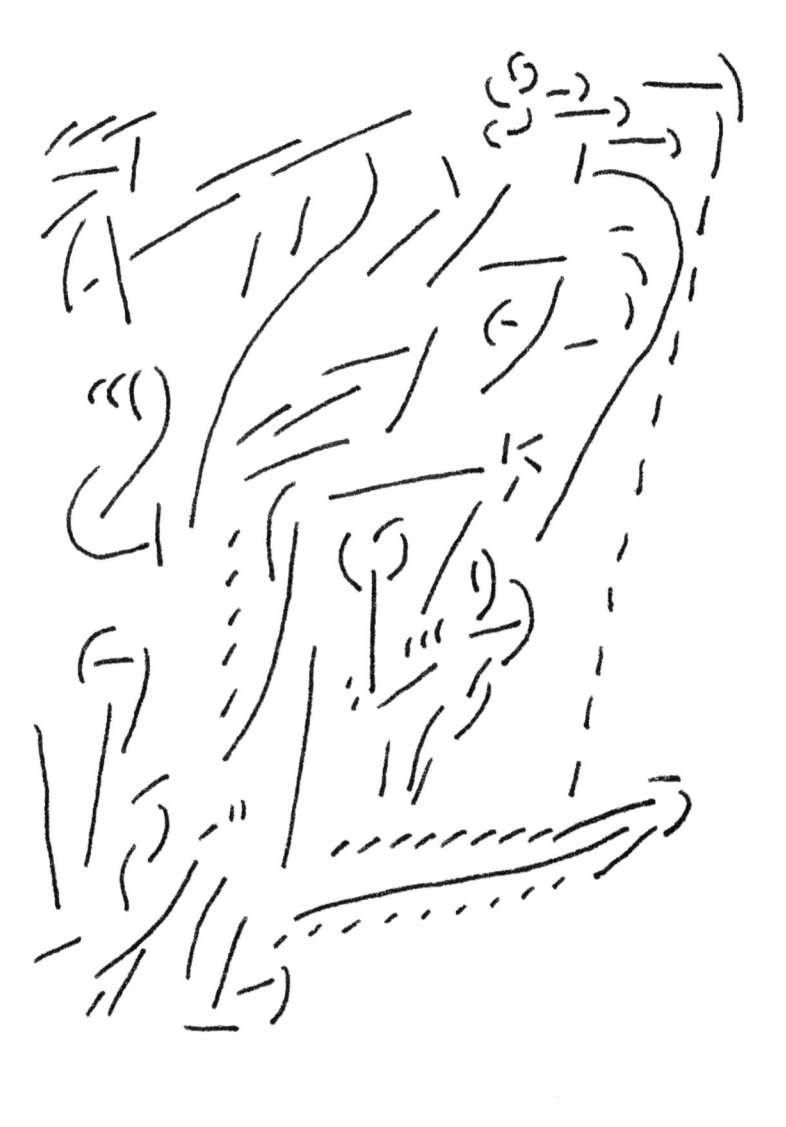

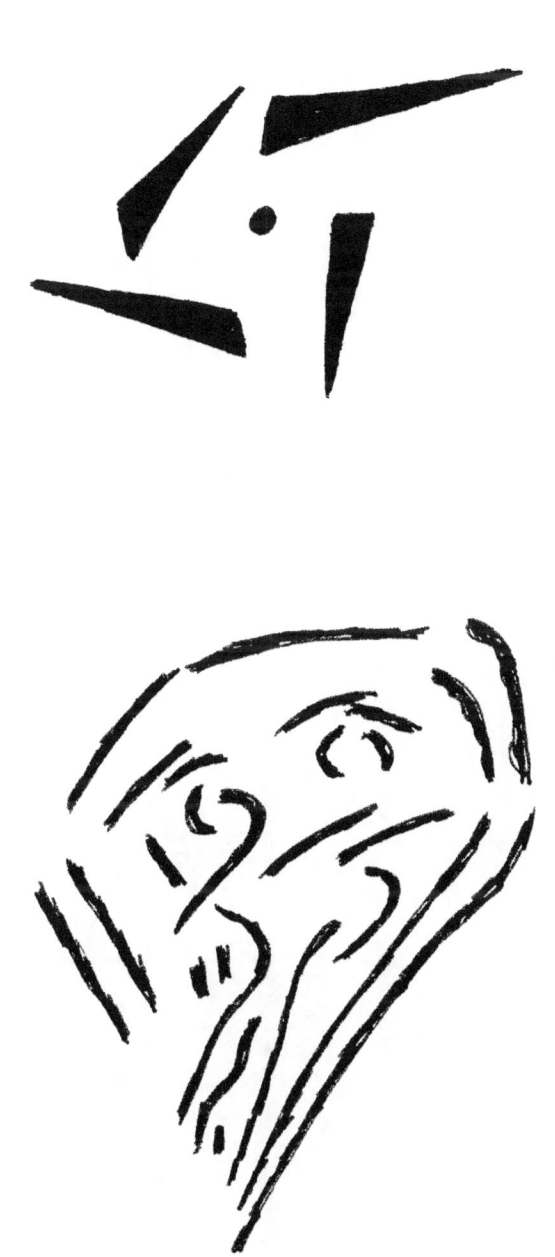

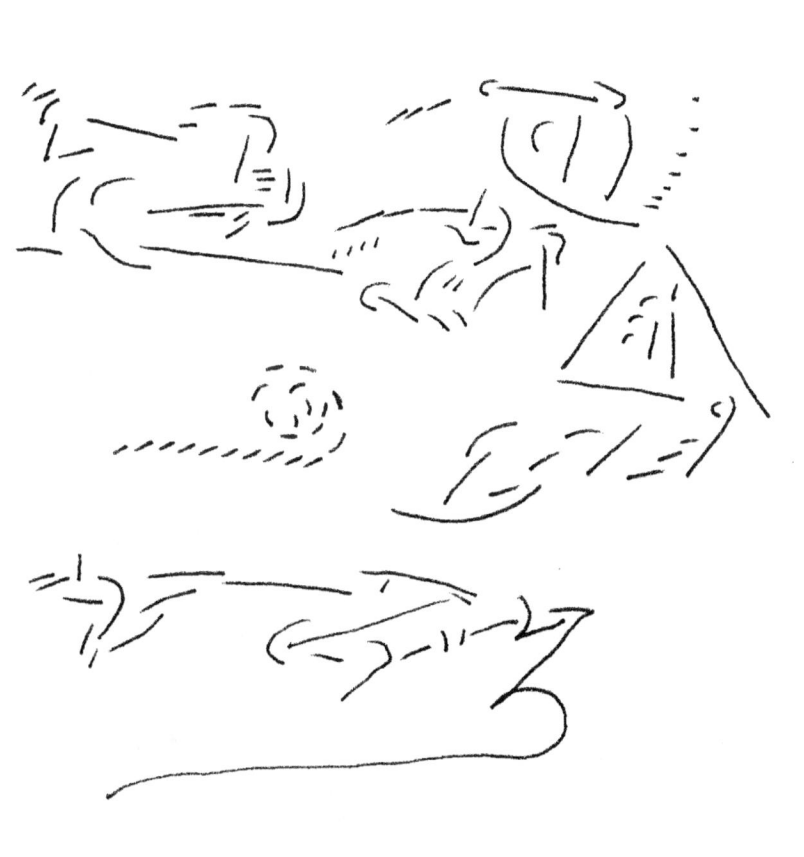

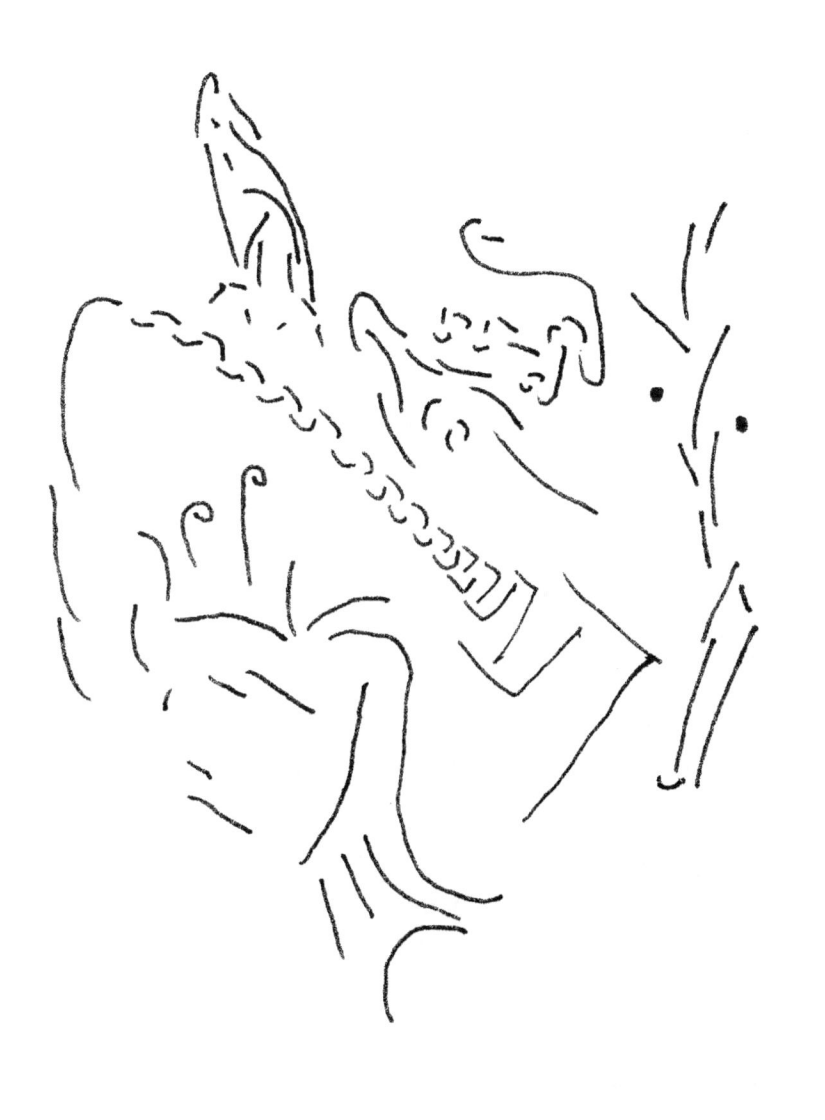

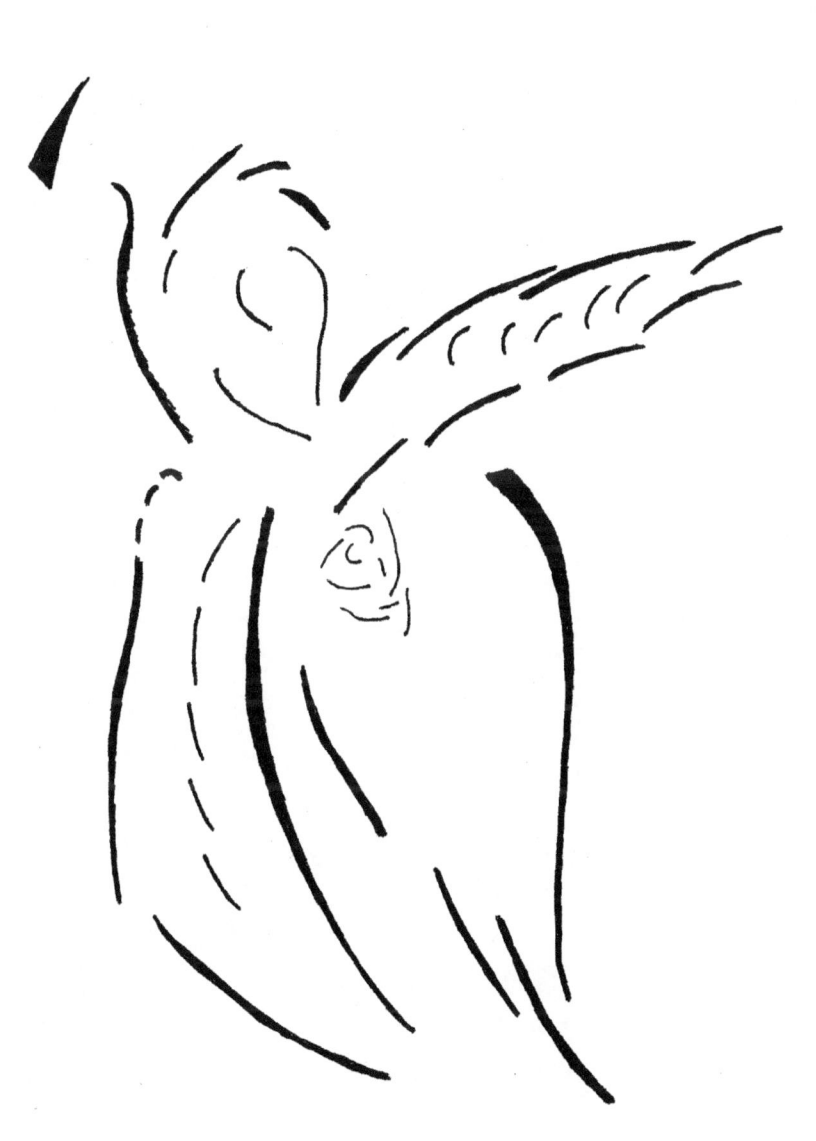

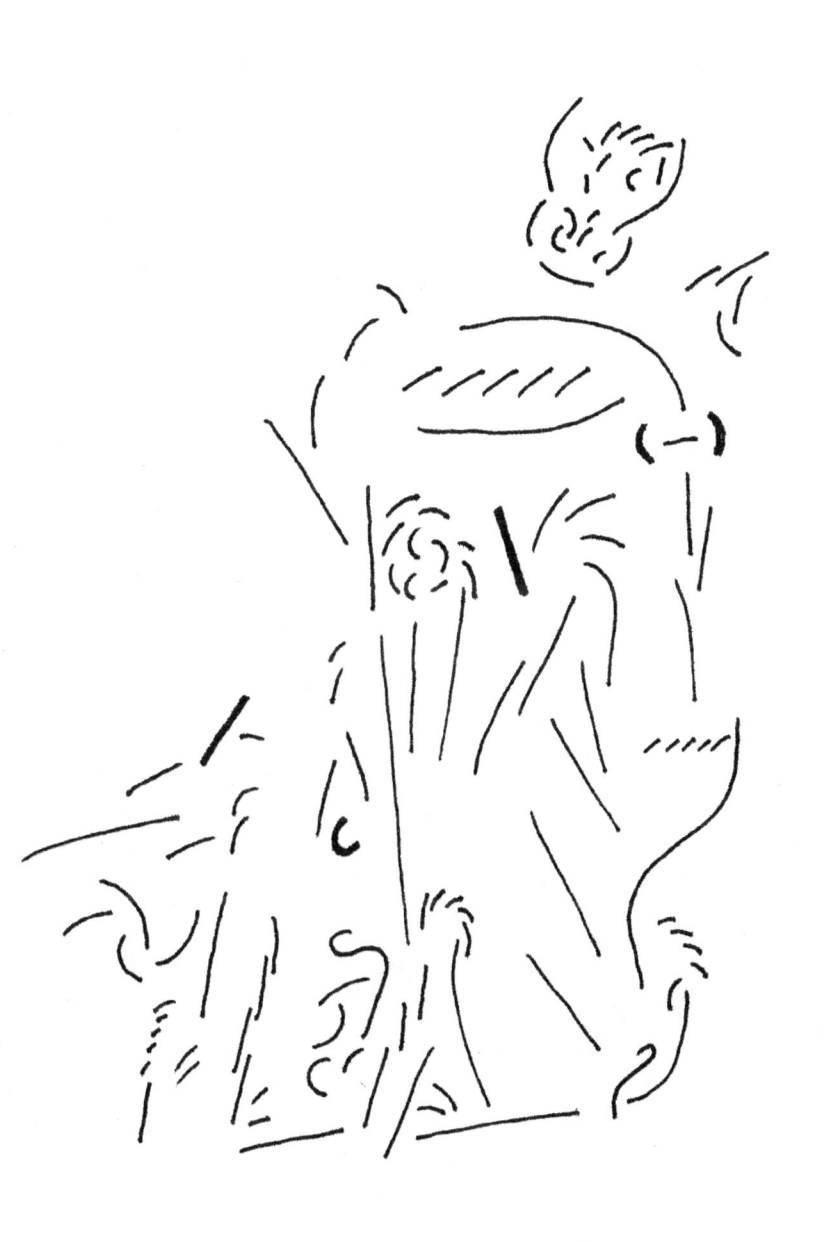

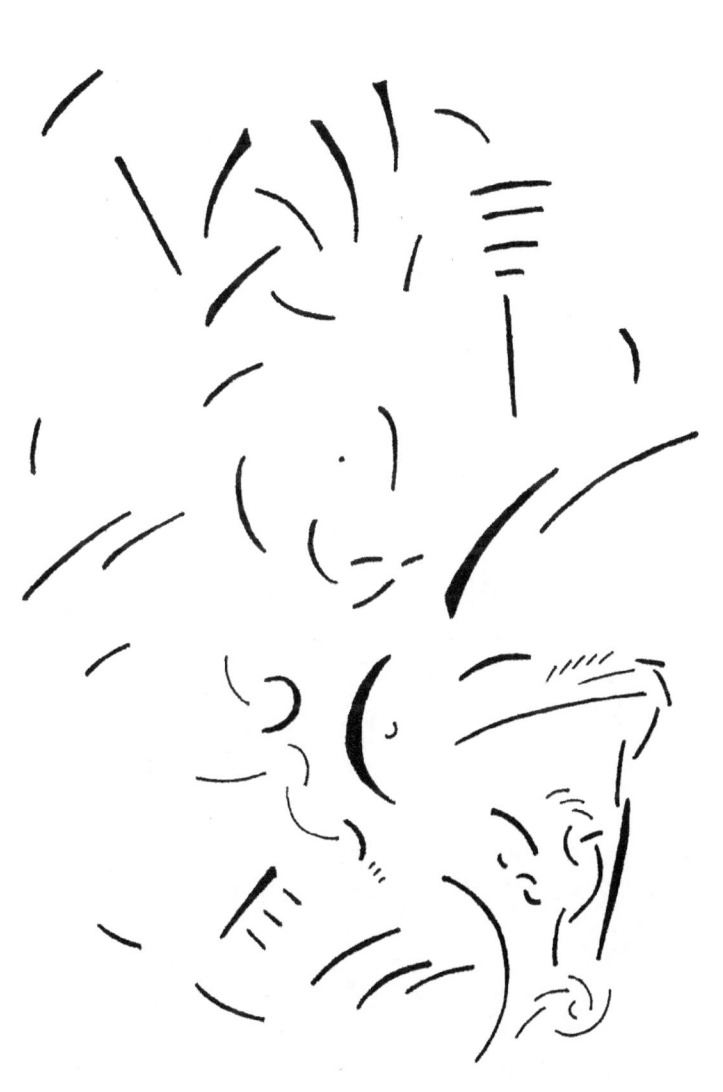

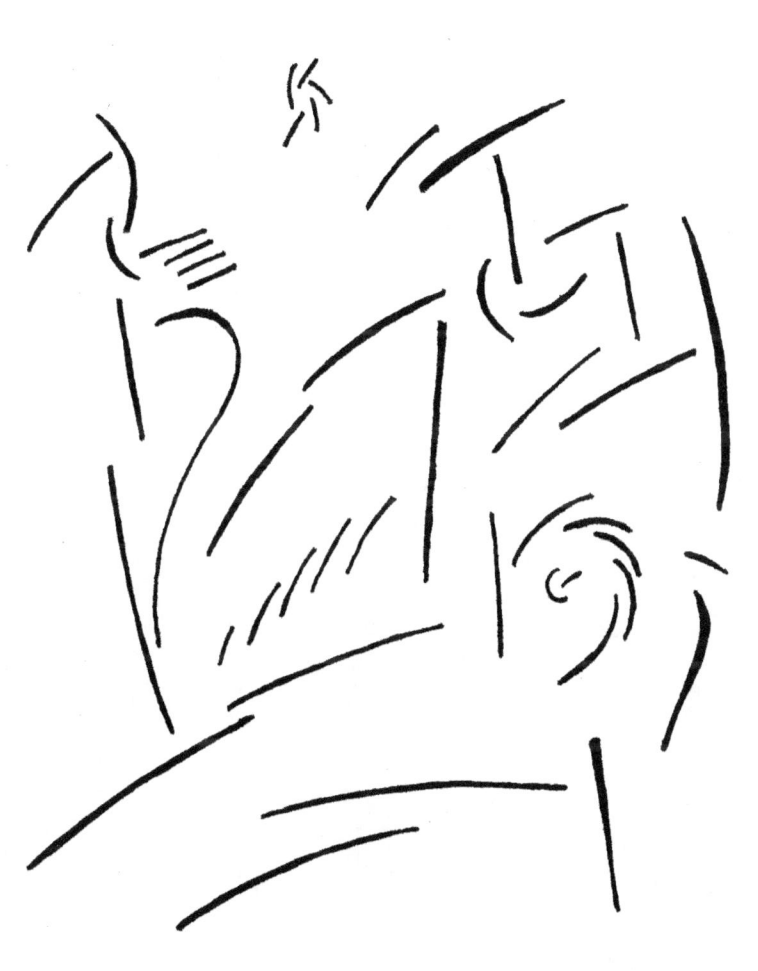

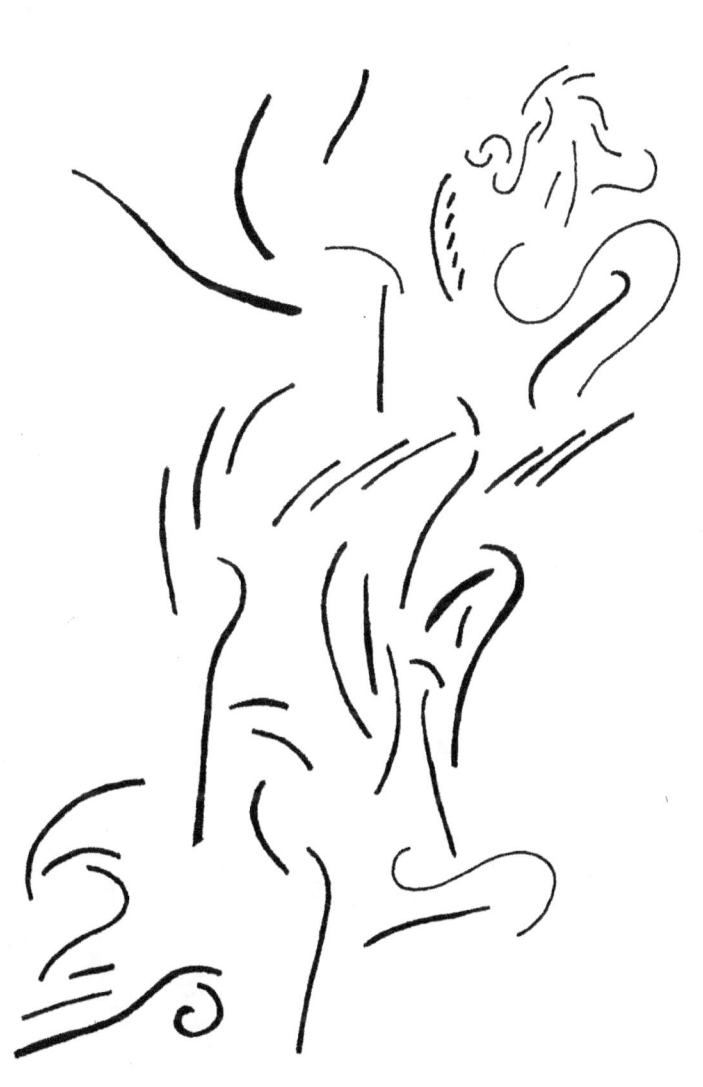

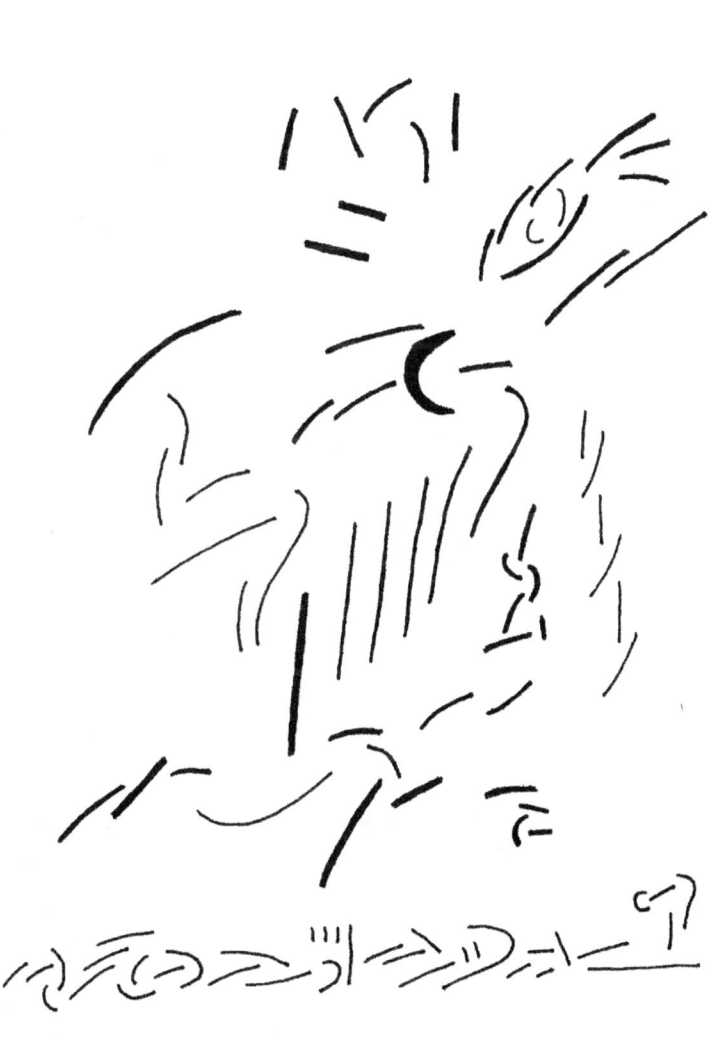

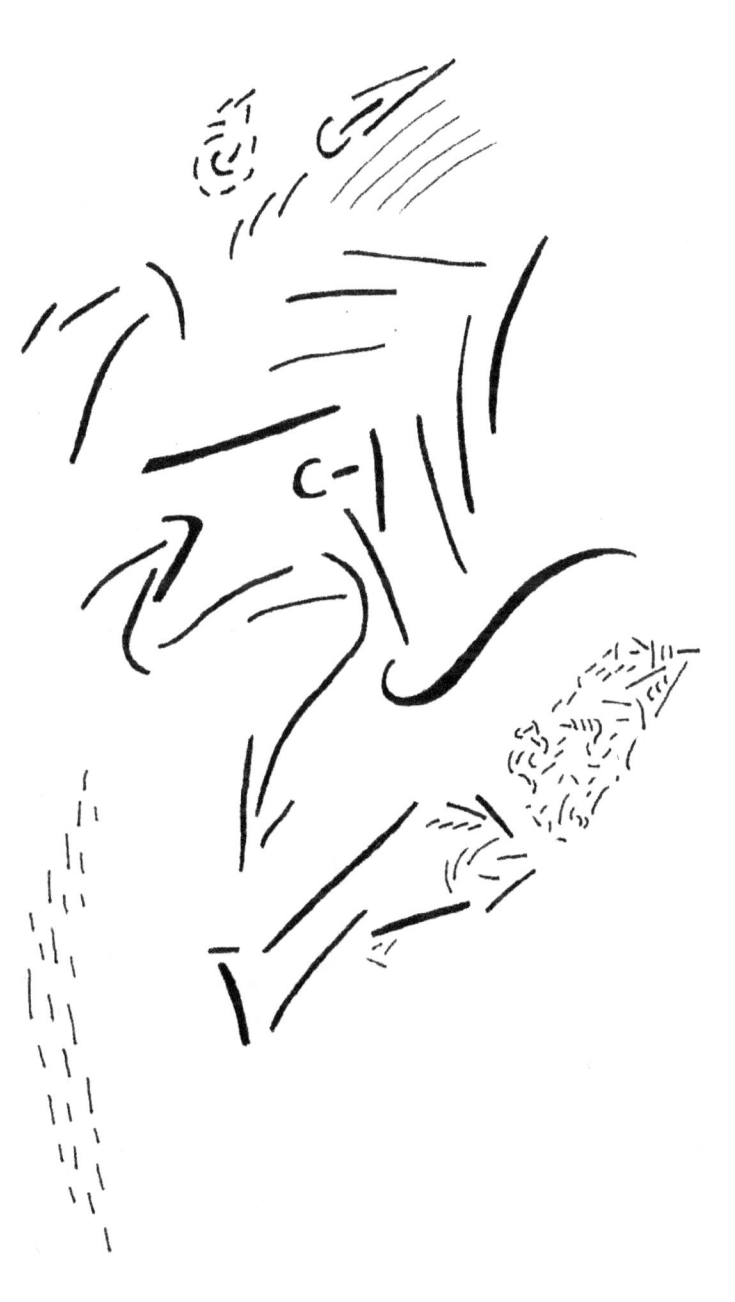

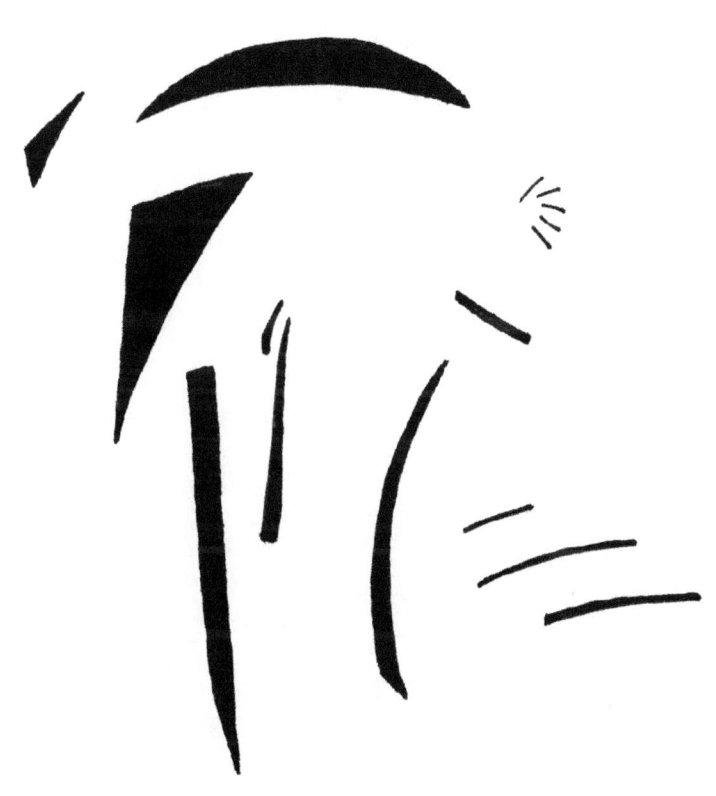

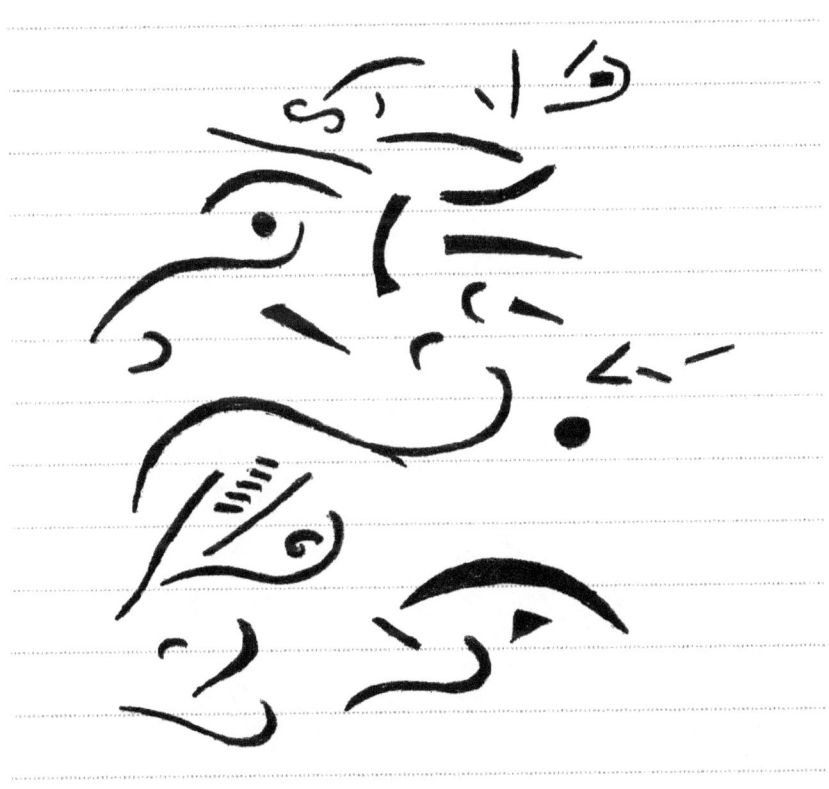

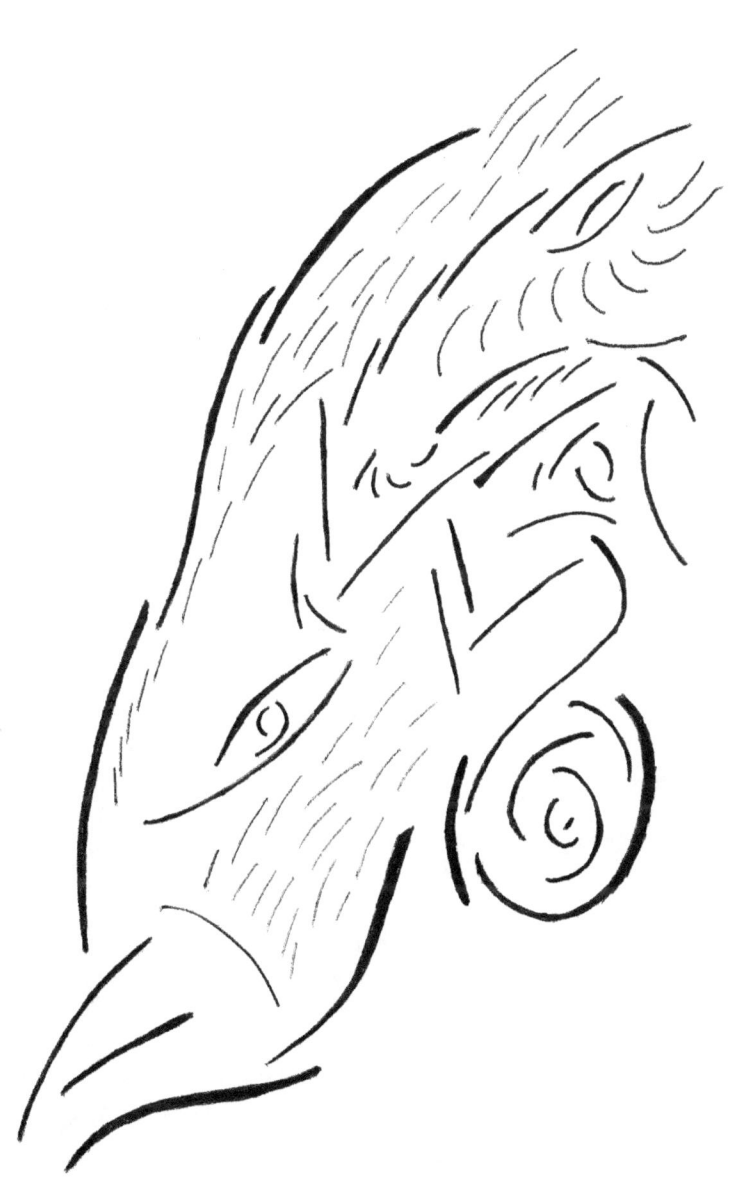

www.ingramcontent.com/pod-product-compliance
Lightning Source LLC
Chambersburg PA
CBHW070138230526
45472CB00004B/1589